AUGSTER MUSEUMSHEFTE 5

ANNEMARIE KAUFMANN-HEINIMANN

Römische Bronzestatuetten aus Augst und Kaiseraugst

Augst 1983

Zum Umschlagbild:
Bronzestatuette der Göttin Venus, gefunden 1960 in Augst, Insula 23. Vgl. S. 49 ff.

ISBN 3 7151 1005 8

Herausgeber: Amt für Museen und Archäologie des Kantons Basel-Landschaft
Redaktion: Max Martin
Druck: Grauwiller Offsetdruck AG, Liestal
© 1983 Römermuseum Augst

Vorwort

Ziel des vorliegenden Heftes ist es, anhand ausgewählter Beispiele die formale und stilistische Vielfalt der in Augst und Kaiseraugst gefundenen Bronzestatuetten aufzuzeigen und Fragen nach den Werkstätten, der Verwendung und der Bedeutung dieser Erzeugnisse römischen Kunsthandwerks zu erörtern. Dabei beschränken wir uns hier (mit zwei Ausnahmen) auf die eigentlichen Statuetten; in einem späteren Heft sollen figürlich verzierte Geräte, Gebrauchsgegenstände und Möbelteile vorgestellt werden.

Alle bis 1971 zum Vorschein gekommenen figürlichen Bronzen wurden 1977 in einem ausführlichen Katalog (hier abgekürzt: Kaufmann-Heinimann, Augst) publiziert; um den Text dieses Heftes nicht unnötig mit Anmerkungen zu belasten, wird bei allen vor 1971 gefundenen Statuetten als Literaturangabe die dort angeführte Katalognummer angegeben, unter der sich Belegstellen und ältere Literatur finden lassen.

Nach Möglichkeit werden die hier gezeigten Statuetten in natürlicher Grösse abgebildet (Nr. 1, 2, 3, 4, 5, 10, 11, 12, 13, 16).

Mein Dank gilt in erster Linie Dr. Max Martin für seine Hilfe und tatkräftige Unterstützung, ferner Dr. Teodora Tomasevic-Buck, die mir freundlicherweise die Publikationserlaubnis für die Stücke Nr. 10–12 und 16 erteilt hat. Den Umschlag gestaltete Robert Hiltbrand, Basel.

Annemarie Kaufmann-Heinimann

Die Sammlungen

Schon im 16. Jahrhundert begann man sich für die Altertümer von Augst zu interessieren. Vielleicht haben wir in einem dem Augsburger Staatsschreiber Konrad Peutinger 1510 geschenkten »Bildli« die früheste Erwähnung einer Augster Bronzestatuette; von dem Fragment einer bronzenen Kolossalstatue, einem Finger, der um die Mitte des 18. Jahrhunderts in die Sammlung des Strassburger Gelehrten Johann Daniel Schöpflin kam, kennen wir sogar die Fundstelle innerhalb von Augst, nämlich das Heiligtum in der Grienmatt[1].

Im gleichen Tempelbezirk fand 1801 der französische Architekt und Künstler Aubert Parent (1753–1835) eine Laternenstütze mit der Darstellung des vom Adler des Jupiter geraubten Ganymed[2]; seine Grabungen und Funde hat Parent in prächtig illustrierten Berichten festgehalten (Abb. 1).

Verschiedene Basler Sammler des 17. bis 19. Jahrhunderts, namentlich die Familie Faesch, Daniel Bruckner (1707–1781), Daniel Burckhardt-Wildt (1752–1819) und Johann Rudolf Forcart-Weis (1749–1834), erwarben neben anderen Altertümern auch Bronzen aus Augst; diese befinden sich heute grösstenteils im Historischen Museum Basel. Die umfangreichste Sammlung von Augster Funden besass aber der Papierfabrikant Johann Jakob Schmid-Ritter (1794–1849), der auf seinen Grundstücken in Augst und Kaiseraugst ausgedehnte Grabungen betrieb; die figürlichen Bronzen aus seinem Besitz machen den grössten Teil des alten Bestandes im Römermuseum Augst aus. Dazu kommen die Funde aus den laufenden Grabungen. Bis jetzt kennen wir aus Augst und Kaiseraugst ungefähr 80 Statuetten und etwa 100 Appliken oder figürlich verzierte Geräteteile.

Zu den schönsten Augster Bronzen gehören die Statuetten eines sitzenden Merkur (Nr. 7), eines laufenden Amor (Nr. 8), eines Laren, eines Genius sowie eine Bacchusbüste (Nr. 9) und eine Knabenbüste; sie kamen 1918 als Depotfund in der Villa eines offenbar wohlhabenden Römers am Südwestabhang von Kastelen zum Vorschein und gelangten 1969 durch das Legat von Dr. René Clavel ins Museum.

---

1 Vgl. Martin, Römermuseum 7f. Abb. 5.
2 Kaufmann-Heinimann, Augst Nr. 191a Taf. 124f.

Abb. 1 Laternenstütze mit Ganymed und dem Adler des Jupiter aus dem Heiligtum in der Grienmatt; lavierte Tuschzeichnung von Aubert Parent in seinem »Mémoire abrégé sur les antiqués d'Augusta Rauracorum et Recueil des fouilles exécutées sur les lieux, suivies de la découverte nouvellement faite de la forme et décoration de son temple« (1802).

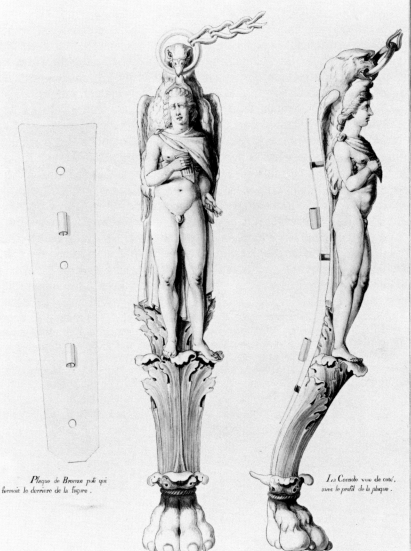

Plaque de Bronze poli qui fermoit le derriere de la figure.

La Console vue de coté, avec le profil de la plaque.

Console de Bronze trouvé sous les ruines du Temple D'Augusta Rauracorum en 1801, Déssiné d'après l'original exposé dans le Cabinet de la Maison Forcart-Weis à Bâle. *par Aubert-parent.*

Herstellungstechnik

Bei der grossen Zahl von Bronzestatuetten, die wir aus allen Zentren der römischen Welt kennen, fällt auf, dass auch Erzeugnisse bescheidensten Charakters ihre Eigenart haben, dass keine Statuette genau gleich aussieht wie die andere. Dies hat in erster Linie technische Gründe: im Unterschied etwa zu Tonstatuetten, von denen mittels einer Matritze eine beliebige Anzahl identischer Stücke hergestellt werden konnte, wurde jede Bronzestatuette einzeln im »cire perdue«-Verfahren gefertigt[3].

Beim Vollguss, der für alle kleinformatigen Objekte üblich war, formte man die Figur zuerst aus Wachs und umgab sie dann mit einem Mantel aus Tonschlicker und Lehm, wobei Lüftungs- und Gusskanäle offengelassen wurden. Für Hohlgüsse modellierte man eine mehr oder weniger dünne Wachsschicht – je nach gewünschter Wandstärke – über einem feuerfesten Kern und ummantelte diese in der gleichen Weise. Beim Brennen der Tonform floss das Wachs aus, und in den entstandenen Hohlraum goss man die flüssige Bronze, eine Mischung aus Kupfer, Zinn und Blei. Nach dem Erkalten des Metalls wurde der Tonmantel zerschlagen (Abb. 2), und die Statuette konnte von stehengebliebenen Stegen und Gusszapfen befreit und fertig bearbeitet werden (Kaltarbeit): man glättete

[3] Vereinzelt sind wiederverwendbare Teilformen bekannt, die als Hilfsnegative dienten, doch vorläufig ist noch unklar, in welchem Ausmass diese verwendet wurden; die vermeintlichen Serienprodukte entpuppen sich bei näherem Zusehen oft als moderne Abgüsse eines einzigen Originals. Vgl. dazu M. Maass, Griechische und römische Bronzewerke der Antikensammlungen, Bildhefte der Staatlichen Antikensammlungen und der Glyptothek München (1979) 7.35f. A. Leibundgut, Rezension von Boucher, Bronzes, Gnomon 52, 1980, 370 f.

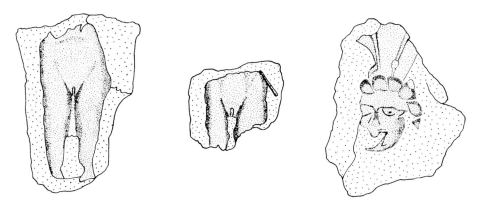

Abb. 2 Zerschlagene Tonformen von Statuetten (1.2 Venus; 3 Kopf eines jugendlichen Gottes) aus einer Bronzegiesserwerkstatt in Mâlain-Mediolanum. M. 1:1.

Abb. 3 Fehlguss einer Bronzestatuette (Merkur?) aus der Insula 30, wo sich auch eine Giesserwerkstatt befand. M. 1:1. Vgl. Abb. 4.

Abb. 4 Merkurstatuette aus der Insula 9 (Kaufmann-Heinimann, Augst Nr. 30 Taf. 20); sie gibt uns eine Vorstellung vom beabsichtigten Aussehen der missratenen Statuette Abb. 3. M. 1:1.

die Oberfläche, überarbeitete Einzelheiten wie Gesichtszüge, Haar, Gewandpartien durch Ziselieren und fügte zuweilen Auflagen aus andersfarbigem Metall (Kupfer, Silber) hinzu. Das fertige Objekt hatte eine golden glänzende Oberfläche, was von den antiken Kunstliebhabern sehr geschätzt wurde, – ganz im Gegensatz also zum heutigen Aussehen antiker Statuetten, deren grünliche Patina sich erst im Lauf der Jahrhunderte gebildet hat.
Wie haben wir uns die Werkstatt eines Bronzegiessers vorzustellen? Sicher brauchte er keine komplizierten festen Installationen für seine Arbeit. In einer Grube – um die einfachstmögliche Art zu nennen – richtete er die Feuerstelle ein; das Metall wurde in einem Tiegel erhitzt; Werkzeuge waren Feilen, Hammer und verschiedenartige Punzen. Als Ausgangsmaterial verwendete man sehr oft Altmetall, d. h. beschädigte oder unbrauchbar gewordene Bronzegegenstände wurden eingeschmolzen und neu verarbeitet.

Werkstätten und Herstellungszentren

Funde von Schmelztiegeln, Halbfabrikaten und Fehlgüssen (Abb. 3) sowie Grabungsbefunde haben gezeigt, dass sicher auch in Augst Bronzegiesser tätig waren; an mindestens vier Stellen der römischen Stadt sind Werkstätten nachgewiesen[4]. Allerdings wissen wir nicht, welche der in Augst gefundenen Statuetten wirklich an Ort und Stelle gefertigt und welche importiert wurden. Bisher fehlen in den meisten Fällen stilistische Kriterien, die erlauben würden, mehrere Bronzen einer bestimmten, lokalisierbaren Werkstätte zuzuweisen. Analog zur Keramikherstellung darf man zwar annehmen, dass die Produktionszentren für Bronzeobjekte zunächst in Italien lagen und später in die Provinzen – nach Gallien, Germanien und Pannonien – verlagert wurden, doch wissen wir im Unterschied zu den gut lokalisier- und datierbaren Töpfereibetrieben nichts Sicheres. Es kommt dazu, dass wir gerade wegen des recht geringen technischen Aufwands für den Bronzeguss auch mit wandernden Giessern rechnen müssen, die Altmetall zusammenkauften und ihr Handwerk einmal da, einmal dort ausübten.
Lange Zeit glaubte man die grossen Qualitätsunterschiede innerhalb der nördlich der Alpen gefundenen Bronzen durch ihre verschiedene Herkunft erklären

---

[4] Vgl. M. Martin, Römische Bronzegiesser in Augst, Archäologie der Schweiz 1, 1978, 112–120 Abb. 1–22.

Abb. 5 Tanzender Lar mit Rhyton und Opferschale aus der Insula 11. H. (mit Basis) 11,2 cm. Vgl. S. 44 f. (Nr. 12).

zu können: so hielt man hervorragend gearbeitete Statuetten für Importstücke aus Italien, während bescheidene Figuren, die sich in den Proportionen, im Körperverständnis und in der Wiedergabe von Details weiter von der klassizistischen römischen Norm entfernten, als einheimische Erzeugnisse angesehen wurden. Nun finden sich aber auch unter den Funden der campanischen Zentren Pompeji und Herculaneum, wo wir die erstklassige Qualität erwarten dürften, neben vorzüglichen Stücken eine ganze Reihe von Statuetten, die genau die gleichen Merkmale einer »Provinzkunst« aufweisen wie unsere angeblich typisch galloromischen Figuren: Mangel an Plastizität und Volumen, betonte Frontalität, lineare Abstraktion, ornamentales Ausschmücken von Einzelheiten[5]. Auch wenn in der Campana andere Gründe – wohl hauptsächlich das soziale Gefälle – für die grossen Unterschiede verantwortlich sein werden als in den Provinzen nördlich der Alpen, zeigt uns das Beispiel doch, wie schwierig es ist, regionale Eigenheiten zu fassen, Provinzielles von qualitativ Minderwertigem zu unterscheiden. Immerhin darf man annehmen, dass gut gearbeitete klassizistische Stücke, die in unserer Gegend gefunden werden und auf Grund ihres Stils in die frühe Kaiserzeit gehören, aus Italien importiert oder mitgebracht wurden, da es eine Weile dauerte, bis in den jungen Koloniestädten einheimische Handwerker und Künstler sich eingerichtet und das Können italischer Werkstätten erreicht hatten. Im 2. und 3. Jahrhundert ist sicher mit Import aus den verschiedenen Teilen Galliens und aus Norditalien sowie mit lokaler Produktion – vielleicht sogar für den Export(?) – zu rechnen.

Vorbilder

Die römischen Götterstatuetten, die uns hier hauptsächlich beschäftigen, gehen in Standmotiv, Gewandung und Attributen auf klassische griechische Vorbilder zurück; sie können aber nicht als getreue Kopien verstanden werden, sondern sind von den mannigfachen Umbildungen und Neuschöpfungen abgeleitet, die vom späten Hellenismus an dem klassizistischen Geschmack der Römer entsprachen. So werden ausgewählte Elemente wie Haartracht oder Gewand von Werken des 5. und des 4. Jahrhunderts v. Chr. miteinander kombiniert (Eklektizismus), ohne dass sich ein bestimmtes griechisches Vorbild erschliessen liesse; oft ist nicht einmal das zugrundeliegende grossplastische römische Werk sicher zu identifizieren, da manche Typen ausschliesslich für die Kleinkunst geschaffen wurden. Den provinzialrömischen Künstlern standen wohl rundplastische kleinformatige Modelle als Vorlagen zur Verfügung.

Die Themen: römische und einheimische Götterwelt

Vom äusseren Erscheinungsbild her stellen weitaus die meisten der hier vorgestellten Statuetten klar benennbare römische Götter mit ihren charakteristischen Attributen dar. Doch hinter ihnen verbergen sich oft gallische Vorstellungen: die einheimische Bevölkerung setzte die neuen Götter, in denen sie vertraute Wesenszüge erkannte, mit den entsprechenden eigenen gleich, umsomehr, als eine eigenständige Tradition in der Wiedergabe menschengestaltiger Götterbilder weitgehend fehlte. Der archäologische Befund bestätigt, was wir aus den Schriftquellen wissen: die meisten uns erhaltenen Götterstatuetten und -reliefs stellen Merkur dar, den Caesar (Bell. Gall. 6,17) als den höchsten Gott der Kelten bezeichnet; dann folgen, auch das Caesars Bericht entsprechend, Apollo, Mars, Jupiter und Minerva. Aus Inschriften kennen wir die einheimischen Namen einiger dieser Götter. Daneben gibt es zahlreiche keltische Gottheiten, die mit keinem römischen Gott gleichzusetzen sind; wir nennen hier nur den wichtigsten unter ihnen, Sucellus.

Auf der anderen Seite haben wir eine Reihe von römischen Göttern und Halbgöttern, bei denen keine Beziehung zu einheimischen Vorstellungen besteht. Es sind dies zum Beispiel die Personifikationen von Glück und Sieg, die Göttinnen Fortuna und Victoria, dann auch die Laren, die Schutzgötter des Hauses. Sie begegnen uns in zahlreichen Bronzestatuetten, die aber ebenso gut von einheimischen wie von römischen Handwerkern hergestellt sein können, je nach deren Vertrautheit mit der römischen Bildwelt.

Sicher wurden auch nach der ersten Phase der Kolonisierung einheimische und römische Götter nebeneinander verehrt und alte und neue Kultformen geübt. Das zeigt sich auch in der Sakralarchitektur: gerade von Augst wissen wir, dass zur gleichen Zeit Heiligtümer im gallorömischen Typus (sog. Vierecktempel) wie auch Tempel im italisch-römischen Stil bestanden[6]. Leider ist nur in den seltensten Fällen bekannt, welcher Gottheit die einzelnen Tempel geweiht waren. Der Fund eines Steinreliefs mit Adler und Blitzbündel deutet darauf hin, dass der Tempel auf dem Hauptforum dem Jupiter heilig war; das inschriftlich bekannte Heiligtum des Mercurius Augustus ist vielleicht mit dem Tempel auf Schönbühl zu identifizieren[7].

---

5   Vgl. H. Menzel in: Actes du IVe Colloque International sur les bronzes antiques, Annales de l'Université Jean Moulin Lyon (1977) 123–125, bes. Abb. 13–24.
6   Vgl. E. Riha, Der gallorömische Tempel auf der Flühweghalde bei Augst, Augster Museumshefte 3 (1980) 5. 32 ff.
7   Martin, Römermuseum 98 Abb. 96.

Funktion

Im Zusammenhang mit den Augster Heiligtümern stellt sich die Frage nach der Funktion unserer Statuetten. Etliche müssen als Weihegaben gedient haben, auch wenn kaum je eine Statuette an Ort und Stelle gefunden wurde, da die Votive nach der Zerstörung eines Tempels wohl wieder eingeschmolzen wurden. Viele Stücke dagegen sind im Innern von Wohnhäusern zum Vorschein gekommen; sie stammen offenbar aus Hausheiligtümern (Lararien). Als Lararium konnte eine in die Wand eingelassene Nische oder, bei reicherer Ausstattung, ein Miniaturtempel dienen (Abb. 6), wenn man sich nicht mit dessen gemalter Wiedergabe an einer Hausinnenwand begnügte. In die Nischen und Tempelchen stellte man Statuetten der Laren, des Genius des Hausherrn sowie anderer mit der Familie besonders verbundener Gottheiten.

In der Insula 5 wurden vier Statuetten zusammen gefunden, die sehr wahrscheinlich in einem Hausheiligtum vereinigt waren: zwei Merkurstatuetten, eine Minerva und ein Zwerg mit Hahn (Abb. 7-10)[8]. Sie zeigen uns, wie uneinheitlich ein solches Inventar sein konnte, da es wohl mehr auf die religiöse Wirksamkeit als auf das Aussehen der einzelnen Figur ankam; so wurden neue, »moderne« Statuetten zusammen mit sorgsam gehüteten »Erbstücken« aufgestellt[9]. Der eine, grössere Merkur (Abb. 7) ist völlig in einheimischem Form- und Stilempfinden gestaltet, während der kleine, zierliche Merkur (Abb. 8) sowie die ruhig dastehende Minerva mit dem Ziegenfell (Abb. 10) in Qualität und Stil etwa dem Durchschnitt der aus Gallien und Germanien bekannten Statuetten entsprechen. Der bucklige, phallische Zwerg mit seinem Hahn (Abb. 9) hingegen gehört in den Bereich der alexandrinisch-hellenistischen Kunst mit ihrer Vorliebe für das Groteske; wahrscheinlich wurde er von seinem Besitzer wegen seiner übelabwehrenden und glückbringenden Kraft im Lararium aufbewahrt.

Sicher gab es im römischen Haus auch Statuetten, die keine religiöse Funktion hatten, sondern in erster Linie Ziergegenstände waren, zum Beispiel als Tischaufsätze verwendet wurden (vgl. Nr. 8 und 13). Zudem dürfen wir nicht übersehen, dass viele Statuetten ursprünglich in einem funktionellen Zusammenhang standen, der uns heute verloren ist; sie fanden als Möbel- und Geräteteile Verwendung, was jetzt oft nur noch am Rest eines Fortsatzes oder an einer Eintiefung auf der Rückseite zu erkennen ist.

[8] Kaufmann-Heinimann, Augst Nr. 18 Taf. 11; Nr. 31 Taf. 21f.; Nr. 63 Taf. 64f.; Nr. 84 Taf. 88f.
[9] Vgl. H. Kunckel, Der römische Genius, Röm. Mitteilungen Erg.heft 20 (1974) 30 ff.

Abb. 6 Hausheiligtum *(lararium)* aus Kalkstein (H. 45 cm) mit wohl zugehörigem Altar aus der Insula 24. Hineingestellt sind vier in der Insula 5 zusammen gefundene Statuetten (vgl. Abb. 7-10).

Abb. 7 Merkur (H. 9,4 cm) mit Geldbeutel, jetzt verlorenem Heroldsstab und Flügelhut; zu seinen Füssen ein ursprünglich nicht zugehöriger Ziegenbock. An der Statuette fällt die für einheimische Erzeugnisse typische lineare Gliederung auf.

Abb. 8 Merkur (H. 6 cm) mit Geldbeutel, abgebrochenem Heroldsstab und kleinen Flügeln im Haar; der grosse, plumpe Sockel (H. 4 cm) gehörte ursprünglich wohl nicht zur Statuette.

Abb. 9 Sitzender phallischer Zwerg (H. 6,2 cm) mit Hahn und Henkelkrug. Die Statuette ist nach dem Vorbild alexandrinischer Groteskdarstellungen gearbeitet oder wurde vielleicht sogar aus Alexandrien importiert.

Abb. 10 Minerva (H. 11,6 cm), bekleidet mit Peplos, Chiton und dem Ziegenfell (Aegis); ihre Attribute sind die Opferschale und die (jetzt verlorene) Lanze.

1 Jupiter

Inv. Nr. 69.11779. – Fundort Augst um 1930/40, Kastelen. – H. Statuette 7,7 cm.
– Statuette nur noch bis zu den Knien erhalten; rechter Unterarm abgebrochen. Attribute fehlen. Stark korrodiert, mit Ausnahme des Kopfes. Grüne fleckige Patina. – Kaufmann-Heinimann, Augst Nr. 2 Taf. 2f.

Der Gott steht in ruhiger Haltung mit rechtem Standbein da, den Kopf nach rechts gewandt. Der schlanke, muskulöse Körper ist nackt bis auf einen über die Schultern gelegten Mantel (Chlamys), dessen Enden bis auf Kniehöhe fallen. In der rechten, zur Seite gestreckten Hand hielt Jupiter wohl das Blitzbündel, in der linken gesenkten das Szepter. Sein bärtiger, etwas gesenkter Kopf trägt einen Lorbeerkranz; das Gesicht ist fein modelliert.

Die zahlreichen Jupiterstatuetten zeigen den Göttervater ruhig stehend oder thronend, nackt oder mit einem Mantel bekleidet, mit Blitzbündel und Szepter als Kennzeichen seiner Macht. Oft wurden Statuetten des Jupiter, der Juno und der Minerva zusammen im Hausheiligtum aufgestellt[1], analog zu den Statuen des Haupttempels auf dem Kapitol in Rom, der den drei Gottheiten geweiht war.
Der Typus unserer Statuette mit über die Schultern gelegter Chlamys findet sich recht selten; wir kennen ihn noch von zwei Jupiterstatuetten aus Utrecht bzw. Bavai.

---

[1] Vgl. z.B. die drei Statuetten aus Muri BE: Leibundgut, Westschweiz Nr. 6. 42. 43 Taf. 11–13. 54–59.

2 Sucellus

Inv. Nr. 61.128. – Fundort Augst 1916, Insula 18. – H. Statuette 8,7 cm, H. Basis 3,1 cm. – Basis hohl. Oberes Ende des Doppelhammers abgebrochen, erhaltener Teil verbogen. Attribut der Linken fehlt. Graugrüne, leicht fleckige Patina. – Kaufmann-Heinimann, Augst Nr. 6 Taf. 5.

Sechseckige, sich nach oben leicht verjüngende Basis, an beiden Enden abgetreppt. Zugehörig.
Sucellus steht ruhig da, das linke Bein hat er etwas zurückgesetzt. Er trägt ein kurzes, gegürtetes Gewand mit langen Ärmeln, das mit kleinen, einziselierten Kreuzen übersät ist; die Gewandfalten sind kerbförmig wiedergegeben, der Saum ist gestrichelt. Körper und Gliedmassen sind kaum gegliedert; besonders auffallend sind die schwammigen Beine. In der rechten vorgestreckten Hand hält der Gott das untere, verbogene Ende des eisernen Schlegels, in der Linken trug er den Napf. Der bärtige, hinten abgeflachte Kopf ist nach links gewandt; das Gesicht wird durch die markante Nase und den langgezogenen Schnurrbart charakterisiert.

Über das Wesen des keltischen Gottes Sucellus ist nur wenig Sicheres bekannt[1]. Unter römischem Einfluss scheint er oft mit Silvanus gleichgesetzt worden zu sein; umstritten ist seine Verwandtschaft (oder Identität?) mit Dispater, dem von Caesar erwähnten gallischen Gott der Unterwelt. Zeugnisse seiner Verehrung finden sich gehäuft in Ostgallien, spärlicher im Dekumatenland und in Mittel- und Nordgallien. Der Gott wird bärtig, als älterer Mann dargestellt, bekleidet mit einem Ärmelgewand und zum Teil mit Hosen; in vielen Fällen sind über das Gewand kreuzförmige Einstiche verteilt, denen möglicherweise die Bedeutung von Astralsymbolen zukommt. In der einen Hand hält er den Schlegel oder Doppelhammer, in der anderen einen Napf *(olla)*.
Im Gebiet der römischen Schweiz wurden bis jetzt sieben Sucellusstatuetten gefunden, bezeichnenderweise alle im westlichen Teil[2]. Die grossen stilistischen Unterschiede zwischen ihnen zeigen, wie viele Variationsmöglichkeiten die Wiedergabe auch einer typisch einheimischen Gottheit zuliess, je nachdem wie stark der Künstler römisches Formengut aufgenommen hatte. Unsere Statuette zeigt charakteristische Elemente der gallorömischen Kunst: die weiche, akzentlose Modellierung des Körpers, die eingekerbten Gewandfalten, das wenig ausgeprägte Standmotiv. Sie finden sich auch an einer jetzt verschollenen Sucellusstatuette aus Besançon wieder, die in denselben Werkstattkreis gehören dürfte.

1 Neue Lit. bei Leibundgut, Westschweiz 43. Vgl. auch Boucher, Bronzes 164 ff.
2 Kaufmann-Heinimann, Augst Nr. 5 f. Taf. 5; Neufund 1979 aus Augst, Kastelen (Inv. Nr. 79.3112. H. 24 cm); Leibundgut, Westschweiz Nr. 37–40 Taf. 42–45.

3 Aesculap

Inv. Nr. 06.168. – Fundort Augst. Ehem. Sammlung J. J. Schmid-Ritter. – H. 8,9 cm. – Vordere Hälfte des linken sowie grosse Zehe des rechten Fusses weggebrochen. Olivgrüne fleckige Patina; Kopf etwas dunkler als Körper. – Kaufmann-Heinimann, Augst Nr. 7 Taf. 6.

Aesculap lehnt leicht nach vorn; das Gewicht ruht ganz auf dem rechten Bein. Sein Mantel ist in einem Wulst um die stark ausgebogene rechte Hüfte geschlungen und bedeckt den linken Oberarm; unterhalb der Achsel ist er mit einer runden Agraffe geheftet. Den Überschlag durchziehen gleichförmige Falten; die Rückenpartie des Gewandes ist summarisch gearbeitet. Mit der rechten Hand stützt sich der Gott ein, mit der linken greift er in die Mantelfalten Die übergrossen Hände stehen im Gegensatz zum etwas kurz geratenen, muskulösen Oberkörper. Der bärtige Kopf mit den sorgfältig modellierten Gesichtszügen ist leicht nach links gewandt; im lockigen Haar sitzt ein Lorbeerkranz.

Statuetten des Heilgottes Aesculap sind recht selten in der römischen Kleinkunst. Der Stab, auf den sich der Gott stützt, fehlt hier; das Motiv ist offensichtlich nicht mehr richtig verstanden. Verwandt ist ein Aesculap aus Virunum. – Obschon die genaue Fundstelle in Augst nicht bekannt ist, dürfen wir annehmen, dass die Statuette als Votivgabe für Aesculapius Augustus diente, den wir von einer Weihinschrift[1] aus dem Tempelbezirk in der Grienmatt kennen.

---

[1] Martin, Römermuseum Abb. 101.

4 Apollo

Inv. Nr. 61.11664. – Fundort August 1960, Insula 30. – H. Statuette 11,2 cm, H. Basis 3,4 cm. – Basis hohl; unterer Rand teilweise ausgebrochen, Loch in der Standfläche. Rechte Hand der Statuette abgebrochen; untere Gesichtshälfte durch Korrosion zerstört. Grüne glänzende Patina; Bronze teilweise durchschimmernd. – Kaufmann-Heinimann, Augst Nr. 8 Taf. 7f.

Runde, leicht profilierte Basis mit Hohlkehle. Zugehörig.
Der schlanke, jugendliche Gott steht mit weit zurückgesetztem linkem Bein da, die linke Hand lässig auf die auf einem Säulchen ruhende Kithara gestützt. Durch den gut modellierten Körper geht eine harmonische Schwingung. Die rechte vorgestreckte Hand hielt ursprünglich ein Stäbchen, mit dem die Saiten angeschlagen wurden (Plektron). Apollo hat den Kopf etwas nach rechts gewandt, sein Haar ist im Nacken zu einem Schopf zusammengefasst und auf dem Kopf zu einem vierteiligen Knoten geschlungen; einzelne lockige Strähnen fallen auf die Schultern. Die Gesichtszüge sind stark zerstört.

Die Darstellungen Apollos in der Kleinkunst der römischen Provinzen treten zahlenmässig stark hinter denjenigen von Merkur, Mars und Jupiter zurück. Allerdings bezeugen fünf in Gallien und Germanien gefundene Bronzestatuen, dass auch Apollo bzw. dem unter diesem Namen verehrten einheimischen Gott grosse Bedeutung zukam. Gerade in Augst scheint sich Apollo, wohl als gallo-römischer Heilgott, besonderer Verehrung erfreut zu haben, wie der mit einem Bad verbundene Tempel in der Grienmatt, mehrere Inschriften und die beträchtliche Zahl von Statuetten zeigen[1].
Attribute Apollos sind der Lorbeerzweig, Köcher und Opferschale, Saiteninstrument und Plektron, wobei der Gott im Unterschied zu den griechischen Vorbildern auch als Leierspieler nackt, ohne die charakteristische Kitharödentracht dargestellt wird. Unsere Statuette gibt dank dem erhaltenen Attribut, der Kithara, eine anschauliche Vorstellung vom ursprünglichen Gesamteindruck. Die Körperproportionen und die weiche Modellierung weisen die differenziert gearbeitete, wohl einheimische Statuette in das spätere 2. Jh. n. Chr. Nahe verwandt ist ein Apollo aus Friesland.

---

[1] Martin, Römermuseum 98 Abb. 97–99.115; Kaufmann-Heinimann, Augst Nr. 8–13 Taf. 7–9.

23

5 Mars

Inv. Nr. 61.11906. – Fundort Augst 1961, Insula 30, auf dem Gladiatorenmosaikboden der Peristylvilla. – H. 9,1 cm. – Beide Füsse und linker Arm unterhalb der Schulter abgebrochen. Attribut der Rechten fehlt. Hellgrüne Patina. – Kaufmann-Heinimann, Augst Nr. 15 Taf. 10.

Mars steht mit entlastetem linkem Bein da; er ist mit Beinschienen, Tunica, Lederkoller, Muskelpanzer und Helm gerüstet und trägt über der rechten Schulter das Wehrgehänge, an dem ein Schwert befestigt ist; der rechte Arm hielt ursprünglich die Lanze. Der bärtige Kopf mit leicht geöffnetem Mund und stark vorgewölbten Augen ist geradeaus gerichtet. Den Helm zieren ein hoher Busch und zwei Federn.

Der römische Kriegsgott Mars genoss in Gallien hohe Verehrung, wie seine zahlreichen keltischen Beinamen bezeugen; offensichtlich wurde er mit einem oder mehreren einheimischen Göttern identifiziert.
Es lassen sich zwei Haupttypen von Statuetten unterscheiden. Der eine zeigt den Gott jugendlich, nackt, behelmt, mit Lanze und Schwert; besonders häufig ist er im gallorömischen Gebiet vertreten[1]. Beim andern Typus ist Mars bärtig, voll gerüstet und mit Lanze und Schild bewaffnet. Ihm liegt offenbar die Kultstatue des Mars Ultor zugrunde, die im grossen, von Augustus 2 v. Chr. geweihten Tempel auf dem Forum in Rom stand. Auch unsere Statuette folgt diesem Typus, mit dem recht seltenen Zusatz des Wehrgehänges. Trotz guter Körpermodellierung wirkt sie etwas starr, verhärtet, was sich vor allem im Gesicht ausdrückt. Sie dürfte um die Wende vom 2. zum 3. Jh. n. Chr. zu datieren sein, in die gleiche Zeit wie das mitgefundene Gladiatorenmosaik; beides zierte den Speisesaal *(oecus)* der vornehmen Peristylvilla in der Insula 30.

[1] Vgl. Boucher, Bronzes 132 ff. 228 Karte 12.

6 Merkur

Inv. Nr. 63.38. – Fundort August 1963, Insula 18. – H. Statuette 18,0 cm, H. Basis 4,0 cm. – Basis hohl. Attribut der Linken fehlt. Weggebrochen Rand des Petasus (teilweise) und Spitzen der etwas verbogenen Flügel, ferner rechtes Horn des Böckleins. Starke Zerstörung der Oberfläche durch Brandeinwirkung. Braunschwarze Patina. – Kaufmann-Heinimann, Augst Nr. 32 Taf. 23–25.

Zylindrische, sich nach oben leicht verjüngende Basis mit schwach profilierter Wandung. Zugehörig.
Merkur steht mit leicht entlastetem linkem Bein ruhig da; die fest aufruhenden Füsse stecken in geflügelten Sandalen. Über dem Rücken trägt er einen schweren Mantel, dessen Verschluss auf der rechten Schulter sich offenbar gelöst hat, so dass der eine Gewandzipfel vorne hinabhängt; das Gewand ist von ruhigen Falten durchzogen. Der athletische Körper ist gut modelliert. In der gesenkten Rechten hält der Gott den Geldbeutel; zu der vorgestreckten Linken ist der Heroldsstab zu ergänzen. Der leicht nach rechts gewandte Kopf trägt einen gewellten Flügelhut. Das feine Gesicht mit den breit umrandeten Augen wird von kurzen Locken umrahmt, die sich über der Stirn teilen. – Zur Linken des Gottes drängt sich ein winziges, summarisch gearbeitetes Böcklein, das wohl nicht ursprünglich zur Statuette gehörte.

Die Vorrangstellung des gallorömischen Merkur vor den anderen Göttern zeichnet sich wie in ganz Gallien so auch bei den Augster Funden zahlenmässig deutlich ab: zwanzig Merkurstatuetten stehen vier Jupiter-, sechs Apollo- und vier Marsstatuetten gegenüber. Dazu kommen mehrere Inschriften, die vermuten lassen, der Tempel auf dem Schönbühl sei dem Mercurius Augustus geweiht gewesen[1].
Der Gott des Handels und Schutzgott der Kaufleute wird als athletischer Jüngling, nackt oder mit übergeworfenem Mantel (Chlamys) dargestellt; in der Rechten hält er den Geldbeutel *(marsupium)*, in der Linken den Heroldsstab *(caduceus)*, der ihn zusammen mit dem Flügelhut *(petasus)* und den Fussflügeln als Götterboten kennzeichnet. Standmotiv und Frisur werden mit Vorliebe nach griechischen Werken des 5. und 4. Jhs. v. Chr. stilisiert. Oft begleiten den Gott einige der ihm heiligen Tiere, besonders Ziegenbock und Hahn.
Die Augster Merkurstatuetten zeigen deutlich, wie gross die stilistischen und qualitativen Unterschiede in der Wiedergabe dieses einen Themas sein können: der eine Merkur aus dem Lararium der Insula 5 (Abb. 7) ist ganz im einheimischen Stilempfinden verhaftet und hat nur die äusseren Kennzeichen von der römischen Vorlage übernommen, während der ausruhende Merkur Nr. 7

27

nach hellenistischen Vorbildern gestaltet ist und sich ohne weiteres mit hervorragenden Erzeugnissen campanischer Werkstätten vergleichen lässt.
Der hier vorgestellte Merkur schliesslich lehnt sich in Standmotiv, Haltung und Frisur an Werke des Erzgiessers Polyklet aus der Mitte des 5. Jhs. v. Chr. an, ohne seinen römischen Charakter zu verleugnen. Trotz der stark zerstörten Oberfläche lässt sich erkennen, wie differenziert Körper und Gewand wiedergegeben sind. Die Statuette dürfte im späteren 1. Jh. entstanden sein. Das verschwindend kleine Böcklein wurde dem Gott wohl erst nachträglich, von einem späteren Besitzer, beigesellt. Ähnlich verhält es sich beim Merkur aus dem Lararium (Abb. 7): er wurde zusammen mit einem viel zu grossen, stilistisch völlig verschiedenen Begleittier gefunden.

1 Martin, Römermuseum 98 Abb. 96.

7 Sitzender Merkur

Inv. Nr. A 1757. - Fundort Augst, trotz widersprüchlichen Angaben wahrscheinlich 1918, Südwestabhang von Kastelen, zusammen mit einem Amor (Nr. 8), einem Laren, einem Genius, einer Bacchusbüste (Nr. 9) und einer Knabenbüste sowie mehreren Basen. - H. Statuette 17,5 cm. H. Fels 11,5 cm. - Sitzfläche und Fussohlen der Statuette hohl; Rest Vollguss. Fels hohl. Ausbruch am unteren Rand des Felsens. Daumenspitze der Rechten und Spitze des linken kleinen Fingers abgebrochen. Augeneinlagen und Attribute fehlen. Leuchtend grüne Patina, teilweise dunkel verfleckt; fast überall Bronze durchschimmernd. - Kaufmann-Heinimann, Augst Nr. 35 Taf. 28-33.

Merkur thront mit angezogenem rechtem Bein auf einem bizarr geformten Felssitz, der unten eine annähernd dreieckige Fläche bildet. Der breitschultrige Körper ist vorzüglich modelliert; die Adern zeichnen sich auf der gespannten Oberfläche deutlich ab. Die linke Schulter und der erhobene Arm sind durch die Drehung im Oberkörper etwas zurückgenommen. Die halbgeöffnete Rechte ruht auf dem Knie auf. Der leicht geneigte Kopf ist nach rechts gewandt. Die kräftige Kinnpartie, die etwas vorgeschobene Unterlippe, die wenig von der Stirn abgesetzte Nase und die nahe beieinanderliegenden, ursprünglich eingelegten Augen geben dem Gesicht einen porträthaften Charakter. Das über der Stirn geteilte Haar legt sich in voluminöse Locken. Die Flügel des flachen Petasus sind an der Aussenseite ziseliert.

Der Gott hielt in der rechten Hand den Geldbeutel, in der erhobenen Linken offenbar einen szepterartigen Heroldsstab, wie er sonst nur beim stehenden Merkur vom Altbachtal zu ergänzen ist. Beide Statuetten sind im Typus offenbar nach hellenistischen Herrscherstatuen stilisiert; die üppigen Locken unseres Merkur scheinen Anklänge an die Frisur Alexanders des Grossen zu bewahren. Die hervorragende Modellierung, die lebendig bewegte Oberfläche und die Vorliebe für naturalistische Details lassen im sitzenden Merkur ein wohl aus Italien importiertes Werk der Zeit um 50 n. Chr. erkennen.

8 Amor

Inv. Nr. 69.11778. – Fundort Augst 1918, wie Merkur Nr. 7. – H. Statuette 12,6 cm, H. Basis 4,3 cm. – Basis hohl. Statuette bei der jetzigen Montierung zu stark zurückgeneigt. Vordere Hälfte des linken Fusses und rechte Daumenspitze abgebrochen; zwei Kerben in der rechten Fussohle. Attribute fehlen. Dunkelbraune fleckige Patina mit durchschimmernder Bronze. – Kaufmann-Heinimann, Augst Nr. 38 Taf. 34–36.

Runde Basis mit Hohlkehle und fein profilierter Wandung; Standfläche leicht gewölbt. Wohl zugehörig (Standspur).
Der kindliche Amor lässt sein rechtes Bein im Lauf weit zurückschwingen; den rechten Arm hat er vorgestreckt, den linken etwas angewinkelt. Der kurze gegürtete, auf der linken Schulter geheftete Chiton zieht sich schräg über Brust und Rücken, wo die sorgfältig ziselierten Flügel angebracht sind, und bedeckt knapp das Gesäss. Der Gott hat den Kopf seitlich zurückgeworfen; sein pausbäckiges Kindergesicht wird von langen gedrehten Locken umrahmt, die über der Stirn zu einem Schopf hochgebunden und in einem Scheitelzopf geflochten sind.

Statuetten des übermütig laufenden Amor mit ausgestrecktem Arm finden sich in grosser Zahl und in vielen Varianten über das Reich verteilt. Da bei einzelnen Exemplaren das zugehörige Attribut oder Reste desselben erhalten sind, dürfen wir auch unseren Amor mit einer Fackel oder einer Lampe ergänzen. Vielleicht diente er ursprünglich mit einer zweiten, gegengleich gearbeiteten Statuette als Tischaufsatz. – Die weiche, grossflächige Modellierung und der etwas pathetische Gesichtsausdruck weisen den Amor als wohl italisches Importstück hadrianischer Zeit aus.

9 Büste des Bacchus

Inv. Nr. A 1756. – Fundort Augst 1918, wie Merkur Nr. 7. – H. Büste 16,2 cm, H. Aufsatz 7,3 cm. – Büste hohl. Röhrenförmiger Fortsatz am oberen Aufsatz abgebrochen. Dunkelgrüne, fast schwarze Patina, durchsetzt mit leuchtend grünen Flecken; teilweise Bronze durchschimmernd. – Kaufmann-Heinimann, Augst Nr. 40 Taf. 37–40.

Die Büste besteht aus vier Teilen: der Unterlage, der eigentlichen Büste, dem Aufsatz mit den Pantherköpfen und der Bekrönung in Form herabhängender Trauben; sie waren ursprünglich wohl aufeinandergelötet. Die Unterlage nimmt auf den Büstenumriss Bezug; ihr Rand ist aufgebogen und mit feiner Strichelung verziert.
Der Ausschnitt der Büste umfasst die Schultern und den Brustansatz. Der Gott ist mit einem auf der rechten Schulter verknoteten Löwenfell bekleidet. Der breite Raubtierkopf mit der zottigen Mähne und drei Pranken fallen vorn auf die Brust; die vierte, von der Innenseite gesehene Pranke und der lange Schwanz bilden das entgegengesetzte, hinten hinabhängende Fellende. Der Kopf ist ganz leicht nach rechts gewandt; die feinen Gesichtszüge stehen im Gegensatz zu der kräftig ausgebildeten Kinnpartie und dem sehnigen Hals. Der kleine volle Mund ist leicht geöffnet, die schmale Nase geht in gerader Linie in die Stirn über. Breite Lider umrahmen die Augen, deren kleine Pupillen eingepunzt sind. Das Haar teilt sich über der Stirn; am Hinterkopf ist es in plastisch abgehobenen Locken um den Wirbel angeordnet. Ringsum läuft ein über der Stirn verschlungener Efeukranz; er ist im Nacken mit einem Band verknotet, dessen Enden auf die Schultern fallen. Aus dem kräftigen Zweig wachsen paarweise Blätter und, beidseits der Stirnmitte, je zwei Beerendolden (Korymben) heraus.
In die kreisförmige Vertiefung auf dem Kopf ist ein hoher Aufsatz in Form dreier aneinandergewachsener Rebstöcke eingelassen. Diese verzweigen sich oben rechtwinklig und enden in je einem Pantherköpfchen. Die Panther haben das Maul aufgerissen und fletschen die Zähne; ihr Hals ist mit einem fortlaufenden Band umwunden. Die knorrigen Auswüchse an den Stämmen geben beim Übergang zum Hals zugleich die Musterung des Fells wieder.
Die Bekrönung muss mit einem eisernen Dorn mit dem Aufsatz verbunden gewesen sein. Sie besteht aus drei grossen, reliefartig gearbeiteten hängenden Trauben, deren obere Hälfte von je einem Rebenblatt bedeckt ist.

Die Büste stellt in motivischer wie typologischer Hinsicht ein Unikum dar. Es mischen sich in ihr ausgewählte Stilelemente aus verschiedenen Epochen: die

Frisur ist von polykletischen Werken übernommen[1], in den etwas leeren Gesichtszügen klingt die Spätklassik an, in der differenzierten Wiedergabe des Fells lebt das Interesse des Hellenismus an naturalistischer Darstellungsweise weiter. Etwas befremdend angesichts der hohen Qualität der Büste wirkt es, dass der Künstler dem Gott des Weines nicht das zu ihm passende Panther-, sondern ein Löwenfell umgelegt hat; auch das spricht dafür, dass die einzelnen Elemente verschiedenen Vorbildern – das Löwenfell vermutlich einer Herkulesdarstellung – entnommen sind. Zugleich scheint dies ein Beweis dafür, dass der Aufsatz mit den Pantherköpfchen erst sekundär zu der Büste hinzugekommen ist.

Damit sind wir bei der Frage nach der Funktion des Ganzen, die sich vorläufig nicht befriedigend beantworten lässt. Die Büste ist grösser als die meisten der an Truhen und Kästen angebrachten Appliken[2], und aus dem gleichen Grund scheint auch die sekundäre Verwendung als Waagegewicht zweifelhaft[3]. Die vorgeschlagene Deutung als Kultgegenstand schliesslich lässt sich durch keine weiteren Parallelen stützen.

Die eklektizistische Stilvermischung, die kühle, klassizistische Glätte des Gesichts und die Büstenform weisen den wohl aus Italien importierten Kopf in das frühe 1. Jh. n. Chr.

---

[1] Vgl. z.B. den sehr verwandten Kopf des »Athleten« aus Fins d'Annecy: J. Petit, Bronzes antiques de la Collection Dutuit (1980) Nr. 32.

[2] In der Grösse vergleichbar sind hellenistische Bronzeappliken aus Mahdia (W. Fuchs, Der Schiffsfund von Mahdia [1963] 22 f. Taf. 24–26), ferner eine Satyrbüste aus Pompeji (Pompeji A. D. 79, The Objects described, Kat. Boston 1978, Nr. 169).

[3] Zu Gewichtsbüsten vgl. jetzt H. Philipp, Athen. Mitteilungen 94, 1979, 137–159 Taf. 39–46.

10 Herkules

Inv. Nr. 76.10280. – Fundort Kaiseraugst 1976, Dorfstrasse, zusammen mit einem Laren (Nr. 11) und einem Merkur sowie über 40 Bronzegefässen. – H. 8,3 cm, H. Basis 2,6 cm. – Basis hohl; leicht beschädigt. Vollständig erhalten. Olivgrüne Patina, am Oberkörper vorne stark grün verfleckt. – T. Tomasevic-Buck, Jahresberichte aus Augst und Kaiseraugst 2, 1982, 28 Abb. 25 f. (Vorbericht).

Zylindrische, sich nach oben verjüngende Basis mit leicht profilierter Wandung. Zugehörig.
Herkules steht mit rechtem Standbein und weit zurückgesetztem linkem Bein in eleganter Pose da. Der schlanke, athletisch durchgebildete Körper ist lebendig modelliert. Der Held fasst mit der rechten vorgestreckten Hand ein zweihenkliges Trinkgefäss (Skyphos), im linken Arm hält er die nach oben gerichtete, von Astaugen durchsetzte Keule. Er ist nackt bis auf das Löwenfell, das mit Kopf und Vorderpranken auf der linken Schulter aufliegt, um den Arm geschlungen ist und bis auf Wadenhöhe hinabfällt; es zeichnet sich durch realistische Detailwiedergabe und fein ziselierte Oberflächenstruktur aus. Herkules hat seinen bärtigen, mit einem Reif geschmückten Kopf nach rechts gewandt und leicht gesenkt. Buckellocken umrahmen das gut gearbeitete Gesicht; am Hinterhaupt ist das Haar in kurzen Strähnen um den Wirbel angeordnet.

Das Trinkgefäss in der Rechten charakterisiert unsere Statuette als zechenden Herkules *(Hercules bibax),* ein besonders in der Römerzeit beliebtes Motiv; es lässt sich wahrscheinlich von dem hellenistischen Herakles dexiumenos ableiten, der die rechte Hand zum Willkomm ausstreckt[1]. Aus den Provinzen nördlich der Alpen sind nicht sehr viele Exemplare dieses Typus bekannt; häufiger ist er dagegen in Norditalien und Campanien vertreten[2]. Es lässt sich vorläufig nicht entscheiden, ob unsere wohl ins 2. Jh. n. Chr. zu datierende Statuette aus lokaler Produktion stammt oder – vielleicht aus Norditalien – importiert wurde. In ihrer plastischen Gliederung ist sie verwandt mit einem allerdings weniger bewegten Herkules der Sammlung Zorn, ferner mit einer Statuette in Paris[3].

Im römischen Augst muss Herkules einige Bedeutung gehabt haben, kennen wir doch eine fast lebensgrosse Kalksteinstatue des Helden aus dem Tempelbezirk der Grienmatt, die vielleicht von einem ihm geweihten Altar stammt[4]. Unsere Statuette wurde zusammen mit zwei weiteren Statuetten sowie mit vorwiegend aus dem 3. Jh. n. Chr. stammendem Bronzegeschirr gefunden; in einer Notsituation versteckte ihr ursprünglicher Besitzer seine kostbare Habe offen-

bar in einer Kiste, die er vergrub und später aus uns unbekannten Gründen nicht mehr bergen konnte.

1. Beide Typen mit Listen der entsprechenden Statuetten bei A. Andrén, Opuscula Archaeologica 5 (1948) 17 ff. R.A. Staccioli, Archeologia Classica 9, 1957, 42f.
2. z.B. F. D'Andria, I bronzi romani di Veleia, Parma e del territorio parmense, Contributi dell'Istituto di Archeologia, Università Cattolica del Sacro Cuore Milano 3, 1970, Nr. 169. Franzoni, Verona Nr. 96-99. H. Roux - L. Barré, Herculaneum und Pompeji 5 (1841) Taf. 17-19 (je rechts).
3. Andrén a.O. (Anm. 1) Nr. 31 Taf. 12. E. Babelon - J.A. Blanchet, Catalogue des bronzes antiques de la Bibliothèque Nationale (1895) Nr. 556.
4. Martin, Römermuseum Abb. 116.

11 Lar

Inv. Nr. 76.10281. – Fundort Kaiseraugst 1976, wie Herkules Nr. 10. – H. Statuette 8,2 cm, H. Basis 2,1 cm. – Basis hohl; Wandung z.T. ausgebrochen und modern ergänzt. Oberfläche der Statuette stellenweise bestossen und abgegriffen. Olivgrüne glänzende Patina. – T. Tomasevic-Buck, Jahresberichte aus Augst und Kaiseraugst 2, 1982, 28 Abb. 25f. (Vorbericht).

Zylindrische Basis mit Hohlkehle und leicht profilierter Wandung. Zugehörig. Der Lar steht mit leicht zurückgesetztem rechtem Bein ruhig da; seine Füsse stecken in niedrigen Stiefeln. Er ist mit einer Ärmeltunica und einem Mantel bekleidet, der schräg über Rücken und Brust verläuft, zu einem Gürtel geschlungen ist und dessen Enden vorn in schematischen Zickzackfalten, hinten in einem Überschlag hinabfallen. Die Tunicaenden schwingen stark gebläht nach hinten aus. Der ganze Körper ist sehr flach. Beide Arme sind vorgestreckt; die rechte Hand fasst das untere Ende des Füllhorns, auf der linken ruht eine Opferschale mit punktverzierter Oberfläche. Der leicht nach links gewandte Kopf ist bekränzt und mit einer Binde umwunden, deren Enden auf den Schultern aufliegen. Das Gesicht ist stark verschliffen; erkennen lassen sich die gepunzten Pupillen und Mundwinkel sowie die flache Nase.

Die Anfänge des Larenkults und die ursprüngliche Bedeutung dieser Schutzgötter von Haus und Hof sind noch nicht völlig geklärt[1]. Jedenfalls spielten die Laren seit der augusteischen Neuordnung ihres Kultes eine wichtige Rolle im öffentlichen wie im privaten Leben. In den Wohnhäusern stellte man ihre Statuetten zusammen mit denen anderer Götter im Lararium auf (vgl. Lararium von Augst Abb. 6).
Die erhaltenen Darstellungen zeigen die Laren jugendlich, in Stiefeln und kurzer gegürteter Tunica – eine der wenigen eigenständigen römischen Schöpfungen ohne griechisches Vorbild. Es lassen sich zwei Typen unterscheiden. Die *Lares compitales* gehören immer paarweise zusammen; sie stehen im Tanzschritt, gegengleich gearbeitet, nebeneinander oder einander gegenüber; in der erhobenen Hand halten sie ein Trinkhorn (Rhyton), in der vorgestreckten eine Opferschale. Die *Lares familiares* dagegen können auch einzeln verwendet werden; sie stehen ruhig da, mit Füllhorn und Opferschale als Attributen.
Unsere Statuette gibt die geläufigste Version des *Lar familiaris* wieder: der Gott trägt den charakteristischen schärpenartigen Mantel, der einen Bausch bildet und in Zickzackfalten vorn hinabfällt; sein Kopf ist mit Kranz und Binde geschmückt. Zwei vorzügliche Statuetten, die die Gewandung besonders klar zeigen, stammen aus Avenches und Lyon[2]; die meisten Exemplare sind wie das

unsere von recht durchschnittlicher Qualität[3]. Die stark geblähten Gewandenden finden sich gewöhnlich bei den tanzenden Laren, wo sie motivisch am Platz sind; vergleichbar ist z.B. ein Lar aus Bonn[4].

[1] Vgl. Stichwort »Lares« in: Der Kleine Pauly 3 (1969) 494 ff. m. Lit. (Eisenhut). H. Kunckel, Der römische Genius, Röm. Mitteilungen Erg.heft 20 (1974) 17 ff.; eine Arbeit derselben Verfasserin über die Laren ist in Vorbereitung.
[2] Leibundgut, Avenches Nr. 15 Taf. 14–16. Boucher-Tassinari, Lyon III Nr. 42.
[3] z.B. Franzoni, Verona Nr. 106–110. L. Cenacchi, Bronzetti romani del Museo Civico di Bologna, Bull. Commissione Archeol. Comunale di Roma 73, 1949/50, Append. 42 f. Abb. 21 f. Rolland, Haute Provence Nr. 131. Boucher, Lyon II Nr. 83–85.
[4] H. Menzel, Römische Bronzen, Führer des Rhein. Landesmuseums in Bonn 20 (1969) Nr. 8.

12 Lar

Inv. Nr. 79.8463. – Fundort Augst 1979, Insula 11, Hauptforum. – H. Statuette 9,9 cm, H. Basis 1,3 cm. – Basis hohl; kleiner Ausbruch in der Wandung. Grünschwarze fleckige Patina. – *Vgl. auch farbige Abb. 5.*

Runde niedrige, gegen unten leicht ausladende Basis mit schwach profilierter Wandung. Zugehörig.
Der Lar steht im Tanzschritt, auf den Zehenspitzen, mit leicht vorgestelltem linkem Bein da; er trägt niedrige Stiefel. Auffallend sind die gelängten Proportionen der ganzen Figur sowie die überlangen Beine. Das Gewand besteht aus einer ärmellosen Tunica und einem Mantel, der über der linken Schulter liegt, unter der Brust zu einem breiten Gürtel gewunden ist und dessen Enden in Zipfeln hinabhängen. Kurze, bewege Falten durchziehen das Gewand. In der rechten erhobenen Hand hält der Lar ein Rhyton, das in einem Tierkopf (Hund?) endet; auf der vorgestreckten Hand liegt eine Schale. Der Kopf mit den recht feinen Gesichtszügen ist nach links gewandt; Buckellocken umrahmen das Gesicht, während am Hinterkopf die Strähnen flach um den Wirbel herum angeordnet sind.

Unser *Lar compitalis* fällt durch seine ungewöhnlichen Proportionen – kleiner Kopf, kurzer Oberkörper, überlange Beine – und die lebendige, differenzierte Modellierung auf. Das knappe, von unruhigen Falten durchzogene Gewand entspricht mehr der zum Jagen geschürzten Tunica der Göttin Diana als dem meist weit ausschwingenden Gewand der tanzenden Laren; verwandt sind in dieser Hinsicht die qualitativ allerdings weit bedeutenderen Larenstatuetten des 1. Jhs. n. Chr. aus Muri, aus Vienne sowie in Verona[1]. Vielleicht lag dem Künstler ein Vorbild dieser Art vor, das er dann dem Zeitstil – wohl spätes 2. Jh. n. Chr. – und seinem Können entsprechend umgestaltete.

[1] Leibundgut, Westschweiz Nr. 31 Taf. 36f. S. Boucher, Vienne, Bronzes antiques (1971) Nr. 29. Franzoni, Verona Nr. 111.

13 Venus mit zwei Amorfiguren

Inv. Nr. 63.5828. – Fundort August 1963, Insula 18. – H. Venus 13,0 cm, H. Amoretten 6,4 cm, H. Basis 2,7 cm. – Basis hohl.
Venus: Spuren der Silberauflage der Augen erhalten. Amor rechts der Göttin: Füsse und oberer Teil des rechten Attributs abgebrochen. Amor links: Füsse und linker Unterarm abgebrochen; evtl. fehlt Halsring. – Patina von Venus und Basis dunkelgrün, fleckig, der Amoretten dunkelgrün, glänzend. – Kaufmann-Heinimann, Augst Nr. 68 Taf. 69f.

Die nackte Göttin steht mit leicht entlastetem rechtem Bein in der Mitte der halbkreisförmigen Basis und bedeckt mit ihren übergrossen Händen Schoss und Brüste. Ihr wenig nach links gewandter, mit einem Diadem bekrönter Kopf wirkt wuchtig im Verhältnis zu dem schmächtigen Körper. Das ovale Gesicht mit den grossen, vorgewölbten Augen und dem feinen Mund wird von lockigem Haar umrahmt, das im Nacken zu einem Schopf zusammengefasst und über der Stirn zu einem vierteiligen Knoten gewunden ist.
An den Enden der Basis stehen zwei bis auf die Armhaltung gegengleich gearbeitete Amorknaben mit etwas plumpem, langgezogenem Körper und geradeausgerichtetem Kopf. Der Amor mit umgelegtem Halsring hält in der emporgehobenen Rechten einen Griff, in der Linken ein Salbfläschchen. Der andere Flügelknabe weist mit dem Zeigefinger der rechten Hand zurück. Beide zeigen ein verkniffenes Gesicht mit gebohrten Pupillen, Mund- und Augenwinkeln; das in Lockenbündel unterteilte Haar ist zu einem Scheitelzopf geflochten.
Die Liebesgöttin ist im Typus der Scham und Brust bedeckenden Venus Pudica wiedergegeben, der für unzählige römische Statuetten verwendet wurde. Unser etwas provinzielles, wohl ins ausgehende 2. Jh. n. Chr. gehörendes Werk ist besonders reizvoll, weil Statuettengruppen – hier Venus bei ihrer Toilette – sehr selten in ihrer originalen Zusammensetzung erhalten sind. Die Flügelknaben scheinen in der jetzigen Montierung vertauscht zu sein: der eine hält das wahrscheinlich als Spiegel zu ergänzende Attribut in Blickrichtung der Göttin empor, während der andere mit ausgestrecktem Finger nach hinten auf Venus deutet; in der fehlenden Linken könnte er eine Muschel getragen haben.
Das Thema der Statuettengruppe lässt vermuten, dass sie als schmückender Aufsatz auf dem Toilettentisch einer wohlhabenden Augster Dame gestanden hat; wir kennen ein vergleichbares, allerdings weit raffinierteres Ensemble aus Campanien (?)[1].

---

[1] W. H. Gross in: Kunst der Antike, Schätze aus norddeutschem Privatbesitz, Kat. Hamburg 1977, Nr. 25.

14 Venus

Inv. Nr. 60.2561. – Fundort Augst 1960, Insula 23. – H. Statuette 14,2 cm, H. Basis 4,5 cm. – Basis hohl. Fingerspitzen und Daumen der rechten Hand und eine der Perlen am oberen Diademrand abgebrochen. Patina der Basis und der Statuettenrückseite dunkelgrün, der Vorderseite olivgrün. – Kaufmann-Heinimann, Augst Nr. 69 Taf. 71–73.

Runde, profilierte Basis mit Hohlkehle auf quadratischem Podest mit vier Füsschen. Zugehörig.
Die Göttin steht mit etwas zurückgesetztem linkem Bein lässig da; mit der linken Hand hält sie das vor dem Schoss geknotete Gewand, dessen Enden gebläht nach hinten flattern, den rechten Arm streckt sie vor. Der Leib mit den ausladenden Hüften und schmalen Schultern ist lebendig modelliert. Um die Oberarme trägt die Göttin mitgegossene Reifen, dazu um den Hals und die Handgelenke nachträglich angebrachte Reifen aus gedrehtem Golddraht. Der Kopf mit dem hohen, halbmondförmigen Diadem ist wenig nach rechts gedreht. Das gewellte Haar ist auf dem Kopf zu einem starren sechsteiligen Knoten geschlungen und im Nacken in einem Schopf zusammengefasst; einzelne Locken fallen auf die Schultern. Das ausdrucksvolle Gesicht zeigt volle Wangen, einen kleinen Mund, eine schmale Nase; die Pupillen sind am oberen Rand der Augäpfel eingebohrt.

Der von der Venus Nr. 13 bekannte Typus ist hier etwas abgewandelt, indem die Göttin einen um die Hüften geschlungenen Mantel trägt und die rechte Hand – wohl ohne Attribut – vorstreckt. Die vorzüglich gearbeitete Statuette dürfte gegen Ende des 2. Jhs. n. Chr. nördlich der Alpen geschaffen worden sein, wie die Bewegtheit, die Proportionen und die Art der Haar- und Augenwiedergabe deutlich machen. Verwandt ist eine wohl etwas ältere Venusstatuette aus Verulamium.

15 Fortuna

Inv. Nr. 53.99. – Fundort Augst 1953, Insula 14, Südforum. – H. 15,9 cm. – Wohl Hohlguss. Mehrere antike Ausbesserungen auf der Rückseite. Attribut der Rechten fehlt. Dunkelbraune Patina mit durchschimmernder Bronze. – Kaufmann-Heinimann, Augst Nr. 74 Taf. 75-77.

Die schreitende Göttin trägt einen hochgegürteten Ärmelchiton, darüber einen Mantel, der auf der linken Schulter aufliegt und dessen Ende über den linken Ellbogen hinabfällt. Die Gewandfalten sind lebendig modelliert und kleinteilig nachziseliert, die Stoffkanten fein gestrichelt wiedergegeben. Die ganze Gestalt durchzieht eine starke Schwingung. Beide Arme sind vorgestreckt; im linken überlangen Arm hält Fortuna ein geschwungenes Füllhorn. Den mit einem Diadem bekrönten Kopf hat sie geradeausgerichtet; um den Hals trägt sie eine feine, ziseliert wiedergegebene Kette. Die schweren Haare sind im Nacken zu einem Knoten geschlungen. Das schmale Gesicht zeigt fast eingefallene Wangen, einen leicht geöffneten vollen Mund und etwas schräggestellte Augen mit kleinen Pupillen.

Fortuna, die Göttin des Glücks und Erfolgs, der im republikanischen und kaiserzeitlichen Italien so grosse Bedeutung zukam, scheint auch in den Provinzen eine wichtige Stellung innegehabt zu haben, obschon sie mit keiner einheimischen Gottheit gleichgesetzt werden konnte. Die zahlreichen Bronzestatuetten zeigen sie mit langem Chiton und Mantel bekleidet; ihre Attribute sind das segenspendende Füllhorn und das die Geschicke lenkende Steuerruder, seltener die Opferschale. Häufig wird sie mit der ägyptischen Göttin Isis identifiziert.
Die gelängten Proportionen, die fehlende plastische Struktur sowie die reichlich angebrachte Kaltarbeit weisen unsere Statuette in den Beginn des 3. Jhs. n. Chr.; sie ist wohl nördlich der Alpen entstanden. Stilistisch steht ihr die 57 cm hohe, silberplattierte Fortuna aus Sainpuits sehr nahe.

16 Thronende Fortuna

Inv. Nr. 78.21640. – Fundort Augst 1978, Insula 34. – H. 11,2 cm. – Körper Hohlguss. Kopf und rechte Hand abgebrochen. Spitze des Füllhorns, Gewandende unterhalb des linken Ellbogens und linker Zeigefinger bestossen bzw. abgebrochen. Loch zur Befestigung der Statuette am waagrechten Fortsatz auf der Rückseite. Grüngraue glänzende Patina.

Die Göttin sitzt mit angezogenem rechtem und etwas vorgestrecktem linkem Bein auf einer jetzt verlorenen Unterlage. Sie trägt einen untergegürteten Ärmelchiton, der bis auf die beschuhten Füsse fällt, und darüber einen schweren Mantel, der in einem breiten Umschlag über dem Schoss liegt und sich seitlich fächerartig über den Sitz ausbreitet; das eine Mantelende fällt vorn über die linke Schulter hinab. Der Köprer zeichnet sich deutlich unter den lebendig bewegten Gewandfalten ab. Auf der Rückseite sind die Falten summarisch wiedergegeben, ohne dass Chiton und Mantel voneinander abgehoben wären. Beide Arme sind vorgestreckt; die Linke umfasst das untere Ende des schlanken, bis über Schulterhöhe emporragenden Füllhorns. Die leichte Verschiebung im Oberkörper macht wahrscheinlich, dass der Kopf etwas nach rechts gedreht war.

Das Attribut der Rechten wird aus Platzgründen eher als Opferschale denn als Steuerruder zu ergänzen sein. Da der Kopf fehlt, lässt sich die Bezeichnung »Fortuna« nicht näher eingrenzen: als Tutela, Schutzgöttin einer Stadt, müsste die Göttin eine Mauerkrone tragen[1]; zu Isis-Fortuna, der ägyptisierenden Variante, gehören die Sonnenscheibe mit Hörnern und Federn oder das Getreidemass *(modius)* als Kopfschmuck[2]. – Der hinten und seitlich ausgebreitete Mantel zeigt, dass die Göttin nicht, wie andere Sitzstatuetten, auf einem Thron gesessen haben kann[3], sondern in einen funktionellen Zusammenhang (Applike an einem Prunkgefäss oder an einem Reisewagen?) gehörte.

Statuetten der sitzenden Fortuna sind recht wenige bekannt[4]; häufiger sind, gerade im gallorömischen Bereich, die genannten Tutelen sowie sitzende Muttergöttinnen (Matres) mit Früchten im Schoss. Stilistisch kommt unserer Fortuna die sitzende Mater aus Bavai am nächsten[5]. Der feste Körperbau, verbunden mit der etwas spröden klassizistischen Faltengebung, legt eine Datierung der Statuette in die erste Hälfte des 2. Jhs. n. Chr. nahe, wobei offenbleiben muss, ob sie aus einer einheimischen, südgallischen oder italischen Werkstatt stammt.

1 z.B. Boucher-Tassinari, Lyon III Nr. 63f. Rolland, Haute Provence Nr. 148.
2 z.B. Rolland, Haute Provence Nr. 145.

3   A. de Ridder, Les bronzes antiques du Louvre 1 (1913) Nr. 1078 Taf. 63. E.F. v. Sacken, Die antiken Bronzen des K.K. Münz- und Antiken-Cabinetes in Wien 1 (1871) 87 Taf. 36,1. A. Andrén, Opuscula Archaeologica 5 (1948) 22 f. Nr. 39 Taf. 13. A.N. Zadoks-Josephus Jitta – W.J.T. Peters – A.M. Witteveen, Description of the Collections in the Rijksmuseum G.M. Kam at Nijmegen 7: The Figural Bronzes (1973) Nr. 6.
4   Vgl. z.B. H. Menzel in: Actes du IVe Colloque International sur les bronzes antiques, Annales de l'Université Jean Moulin Lyon (1977) 123 Abb. 11.
5   G. Faider-Feytmans, Recueil des bronzes de Bavai, 8ᵉ suppl. à Gallia (1957) Nr. 74 Taf. 18.

17 Victoria

Inv. Nr. 63.36. – Fundort Augst 1963, Insula 18. – H. Statuette 28,8 cm, H. Basis 10,3 cm, Dm. Globus 8,2 cm, Dm. Schild 15,7 cm, Gesamthöhe 63 cm. Gewicht total 5,406 kg. – Basis hohl; in mehrere Teile zerbrochen und wieder zusammengefügt. Globus hohl; Kupfereinlage des umlaufenden Bandes nur noch teilweise erhalten; Silbereinlage der Mondsichel beschädigt. Statuette: abgebrochen sind einzelne Zehen und fast alle Finger sowie ein Teil des linken Haarknotens. Flügel separat gegossen und angesetzt; stark verbogen; Spitzen abgebrochen. Schild: Silberplattierung des Randes nur noch stellenweise erhalten. Patina von Basis, Globus und Statuette dunkelgrün, leicht fleckig, des Schildes braunschwarz (Brandeinwirkung). – Kaufmann-Heinimann, Augst Nr. 75 Taf. 77–83.

Sechseckige, in der Mitte eingezogene Basis mit Perlstab, Akanthusblättern und Eierstab. Zugehörig.
Victoria schwebt mit erhobenen Armen und ausgebreiteten Flügeln auf dem mit eingelegten Silbersternen und Halbmond verzierten Himmelsglobus; über dem Haupt hält sie einen grossen Schild *(clipeus)* empor. Sie trägt einen gegürteten, auf den Schultern gehefteten Peplos mit langem Überschlag; durch die rasche Bewegung tritt das rechte Bein entblösst hervor, während die Gewandenden nach hinten flattern. Die einzelnen Federn der mächtigen, einst rechtwinklig zum Körper stehenden Flügel sind plastisch abgehoben und durch Ziselierung unterteilt. Eine kunstvolle Frisur mit Nackenschopf und hochgekämmtem, verknotetem Schläfenhaar umrahmt den geradeausgerichteten Kopf. Die Göttin blickt aus grossen, vorgewölbten Augen mit eingebohrten Pupillen ins Weite; der leicht geöffnete Mund liegt in der vollen Wangen- und Kinnpartie eingebettet.
Der grosse Clipeus zeigt einen silberplattierten Rand; das Rund beherrscht eine bekränzte Jupiterbüste, die auf einem dreiteiligen Akanthusblatt mit versilberten Blattrippen aufruht. Der Gott trägt über der linken Schulter ein Mäntelchen; sein ausdrucksvolles Gesicht wird von üppigen Haupt- und Bartlocken umrahmt. Die versilberten Enden des Kranzes fallen auf die Schultern.

Die meisten Darstellungen der Victoria auf dem Globus gehen auf die berühmte Statue aus Tarent zurück, die Augustus zum Dank für den Sieg bei Actium 29 v. Chr. in der Curia Iulia in Rom aufstellen liess; die Göttin schwebt in langem, gegürtetem Peplos über dem Globus; in der rechten vorgestreckten Hand hält

sie einen Kranz, im linken Arm einen Palmzweig, ein Siegeszeichen *(tropaeum)* oder eine Standarte *(vexillum)*.
Das Motiv der Siegesgöttin mit hocherhobenem Schild wird aus Gründen der stark betonten Frontalität und des Formates vor allem für Reliefs verwendet; erinnert sei hier nur an den 1928 in Augst nördlich des Forums gefundenen Victoriapfeiler[1]. Der Typus lässt sich vom frühen 1. Jh. n. Chr. an bis in spätrömische Zeit verfolgen, wobei der Schild teils als Beutestück, teils als Symbol für einen bestimmten Sieg oder allgemein für den Kaiser verstanden wird oder, wie hier, Träger der Büste eines verherrlichten Gottes oder Menschen *(imago clipeata)* ist.
In der auf unserem Schild dargestellten Götterbüste darf man wohl Jupiter als gallorömischen Wochentagsgott erkennen; dafür sprechen der kleine Globus unterhalb der Büste, der sich auch bei anderen Wochentagsgöttern findet, sowie der in Gallien besonders beliebte Blätterkelch. Möglicherweise war unsere Victoriastatuette eine von sieben Victorien, die alle den Schild mit der Büste eines Wochentagsgottes emporhielten. Stilistisch gehört das gallorömische Werk in seinem erstarrten Klassizismus und der strengen Einansichtigkeit in die frühseverische Zeit, in die Wende vom 2. zum 3. Jh. n. Chr.; zu dieser Zeit passt auch das im einzelnen nicht sicher deutbare astrologisch-religiöse Programm, das den Darstellungen auf dem grossen Himmelsglobus zugrundeliegt.
Die Victoria zählt mit dem sitzenden Merkur Nr. 7 und der Bacchusbüste Nr. 9 zu den bedeutendsten Kunstwerken, die das römische Augst zutage gefördert hat.

1 Martin, Römermuseum Abb. 27f.

Ausgewählte Literatur

Im folgenden sind die wichtigsten Regionalkataloge römischer Bronzen aufgeführt, ferner einige weiterführende allgemeine Publikationen:

F. D'Andria, I bronzi romani di Veleia, Parma e del territorio parmense, Contributi dell'Istituto di Archeologia, Università Cattolica del Sacro Cuore Milano 3, 1970, 3–141.

S. Boucher, Bronzes grecs, hellénistiques et étrusques des Musées de Lyon, Travaux édités sous les auspices de la Ville de Lyon 2 (1970).

S. Boucher, Bronzes romains figurés du Musée des Beaux-Arts de Lyon, Travaux édités sous les auspices de la Ville de Lyon 4 (1973) (hier = Boucher, Lyon II).

S. Boucher, Vienne, Bronzes antiques, Inventaire des collections publiques françaises 17 (1971).

S. Boucher – S. Tassinari, Musée de la civilisation gallo-romaine à Lyon, Bronzes antiques 1 (1976) (hier = Boucher-Tassinari, Lyon III).

E. Espérandieu – H. Rolland, Bronzes antiques de la Seine-Maritime, 13 suppl. à Gallia (1959).

G. Faider-Feytmans, Recueil des bronzes de Bavai, 8e suppl. à Gallia (1957).

G. Faider-Feytmans, Les bronzes romains de Belgique (1979).

R. Fleischer, Die römischen Bronzen aus Österreich (1967).

L. Franzoni, Bronzetti romani del Museo Archeologico di Verona, Collezioni e musei archeologici del Veneto 3 (1973) (hier = Franzoni, Verona).

V. Galliazzo, Bronzi romani del Museo Civico di Treviso, Collezioni e musei archeologici del Veneto 11 (1979).

A. Kaufmann-Heinimann, Die römischen Bronzen der Schweiz 1: Augst und das Gebiet der Colonia Augusta Raurica (1977) (hier = Kaufmann-Heinimann, Augst).

P. Lebel, Catalogue des collections archéologiques de Besançon 5: Les bronzes figurés, Annales littéraires de l'Université de Besançon 26 (1959/61).

P. Lebel, Catalogue des bronzes figurés du Musée de Langres, Mémoires de la société historique et archéologique de Langres 5 (1965).

P. Lebel, Catalogue des collections archéologiques de Lons-le-Saunier 3: Les bronzes figurés, Annales littéraires de l'Université de Besançon 62 (1963).

P. Lebel, Catalogue des collections archéologiques de Montbéliard 3: Les bronzes figurés, Annales littéraires de l'Université de Besançon 57 (1962).

P. Lebel – S. Boucher, Bronzes figurés antiques, Musée Rolin, Autun (1975).

A. Leibundgut, Die römischen Bronzen der Schweiz 2: Avenches (1976) (hier = Leibundgut, Avenches).

A. Leibundgut, Die römischen Bronzen der Schweiz 3: Westschweiz, Bern und Wallis (1980) (hier = Leibundgut, Westschweiz).

H. Menzel, Die römischen Bronzen aus Deutschland 1: Speyer (1960).

H. Menzel, Die römischen Bronzen aus Deutschland 2: Trier (1966).

H. Rolland, Bronzes antiques de Haute Provence, 18e suppl. à Gallia (1965) (hier = Rolland, Haute Provence).

A.N. Zadoks-Josephus Jitta – W.J.T. Peters – W.A. van Es, Roman Bronze Statuettes from the Netherlands 1 (1967); 2 (1969).

A.N. Zadoks-Josephus Jitta - W.J.T. Peters - A.M. Witteveen, Description of the Collections in the Rijksmuseum G.M. Kam at Nijmegen 7: The Figural Bronzes (1973).

S. Boucher, Recherches sur les bronzes figurés de Gaule pré-romaine et romaine, Bibliothèque des Ecoles Françaises d'Athènes et de Rome 228 (1976) (hier = Boucher, Bronzes).

A. Leibundgut, Kunstgeschichtliche Untersuchungen zu den römischen Bronzen in der Schweiz, Handbuch der Schweiz zur Römer- und Merowingerzeit (in Vorbereitung).

M. Martin, Römermuseum und Römerhaus Augst, Augster Museumshefte 4 (1981) (hier = Martin, Römermuseum).

Abbildungsnachweis

* = Farbbild

Abb. 1   Foto Universitätsbibliothek Basel
Abb. 2   nach Revue archéol. de l'Est et du Centre-Est 26, 1975, 298 Taf. 2, 4-6
Abb. 3   nach Martin (Anm. 4) Abb. 9; Foto C. Zimmer, Basel
Abb. 4   Foto Röm.-German. Zentralmus. Mainz (O. Pilko)
Abb. 5*   Foto Humbert + Vogt SWB ASG DAD Riehen
Abb. 6*   nach Martin, Römermuseum Abb. 84; Foto Humbert + Vogt SWB ASG DAD Riehen
Abb. 7-10 Foto Röm.-German. Zentralmus. Mainz (O. Pilko); vgl. Anm. 8

Nachweise zu den Aufnahmen der Statuetten Nr. 1-17 (S. 17-61):
S. 17, 19, 21, 23, 25, 31, 33, 35, 47, 48, 51, 54, 60   Röm.-German. Zentralmus. Mainz (O. Pilko)
S. 27   E. Schulz
S. 29*, 37*, 39, 40*, 43, 45, 49*, 53*, 56, 57   Humbert + Vogt SWB ASG DAD Riehen
S. 59, 61   Archäol. Seminar Universität Bern (J. Zbinden)